Hans-Ulrich Kreß (Fotos)
Jörg Zimmer (Text)

GELSENKIRCHEN

Auf den ersten Blick

deutsch • english • français

Wartberg Verlag

In unserer Reihe „Bilder aus Gelsenkirchen" sind bisher erschienen:

(1) Gelsenkirchen – wie es früher war
(2) Ein Rundgang durch das alte Gelsenkirchen
(3) Gelsenkirchen – Bewegte Zeiten. Die 50er Jahre
(4) Gelsenkirchen – Luftaufnahmen
      von gestern und heute
(5) Gelsenkirchen – Ein Bildband in Farbe
(6) Gelsenkirchen auf den ersten Blick
(7) 125 Jahr Gelsenkirchen

1. Auflage 2000
Alle Rechte vorbehalten, auch die des auszugsweisen Nachdrucks
und der fotomechanischen Wiedergabe.
Druck: Bernecker, Melsungen
Buchbinderische Verarbeitung: Büge, Celle
© Wartberg Verlag GmbH & Co. KG
34281 Gudensberg-Gleichen • Im Wiesental 1
Tel. 0 56 03/9 30 50
ISBN: 3-86134-698-2

VORWORT

An farbenreichen Kontrasten fehlt es Gelsenkirchen, gut 150 Jahre nach dem lärmenden Einzug der Montanindustrie in die dörfliche Idylle, heute nicht. Die jahrzehntelange wirtschaftliche Konzentration auf die Kohle und die von ihr abhängende Industrie prägen nachhaltig das Gesicht der Stadt. Auf den ersten, wie auch auf den zweiten Blick ist Gelsenkirchen eine Stadt der Brüche und Umbrüche. Wer heute mit offenen Augen durch die Stadt spaziert, entdeckt neben den zahlreichen Erbstücken der Kultur- und Industriegeschichte neue und viel versprechende Ausschläge auf der nach oben offenen Skala des Strukturwandels.

Fotos links: Willkommen in Gelsenkirchen. Der Blick vom Bahnsteig auf die ehemalige Gelsenkirchener Hauptpost, die heute das Verwaltungsgericht beherbergt, und der Gang durch das lebhafte Bahnhofcenter sind für viele Besucher die ersten Eindrücke von der an Kontrasten reichen Großstadt in der Mitte des Ruhrgebiets.

Foto rechts: Ein Blickfang auf jedem Bummel durch die Bahnhofstraße ist das ehemalige Westfalen-Kaufhaus (WEKA). 1928 im Stile eines „Kaufpalastes" für die jüdische Kaufhauskette Alsberg errichtet, wurde es in der NS-Zeit ebenso wie zahlreiche andere jüdischen Geschäfte an der Bahnhofstraße „arisiert". Nach dem Krieg machten sein breit gefächertes Konsumangebot und sein Restaurant das WEKA zu einem Anziehungspunkt weit über Gelsenkirchen hinaus. Doch musste auch das WEKA den veränderten Konsumgewohnheiten Rechnung tragen und in den 90er Jahren das Konzept des Universalkaufhauses aufgeben. Heute beherbergt es als WEKA KARREÉ eine Vielzahl von Einzelfachgeschäften.

Photos left: Welcome to Gelsenkirchen. The look from the platform at the former Gelsenkirchen Main Post Office which accommodates the Administrative Court today and the walk by the busy station centre are the first impressions of the contrasty and rich city in the middle of the Ruhr area for many visitors.

Photo right: An eye-catcher on every stroll by the station street is the former Westphalians department store (WEKA). Today it is called WEKA KARREÉ and is a shopping centre with many shops inside.

Photos à gauche: Bienvenu à Gelsenkirchen. La vue du quai de la gare sur l´ancienne poste principale de Gelsenkirchen, qui renferme aujourd´hui les bureaux du tribunal administratif ainsi que le passage à travers le centre toujours animé de la gare sont les deux premiers signes frappants de richesse d´une grande ville au milieu de la zone industrielle allemande Ruhrgebiet.

Photo à droite: Lors de chaque promenade dans la rue de la gare, ce qui attire plus particulièrement le regard est l´ancien grand magasin, appelé „Westfalen-Kaufhaus" ou „Weka". Aujourd´hui, cet immense bâtiment s´est transformé en galerie marchande, la „Weka Karreé", qui est composée de nombreux petits magasins particuliers.

Fotos links: Innenstadtimpressionen.

Photos left: Impressions of the centre.

Photo à gauche: Coup d´oeil sur le centre ville.

Die Bahnhofstraße mündet in den Neumarkt, die lebendige Mitte der lang gestreckten Fußgängerzone. Die Gelsenkirchener Sparkasse, die diesen Platz mit ihrer Hauptstelle dominiert, stiftete 1995 anlässlich ihres 125jährigen Jubiläums die Lichtskulptur des Künstlers LIT Fischer.

The station street leads into the new market which is the crowded middle of the long pedestrian precinct. The Gelsenkirchen Savings Bank „Sparkasse" dominates this place with its head-office.

For its 125th anniversary the Savings Bank founded the light sculpture of the artist LIT Fischer.

La rue de la gare débouche sur le nouveau marché, qui constitue un centre animé de la longue zone piétonnière. Le siège social de la caisse d´épargne de Gelsenkirchen, qui avec cette impressionante bâtisse domine cette place, fit don à la ville en 1995 d´une sculpture de lumière réalisée par l´artiste Lit Fischer à l´occasion de son 125ième anniversaire.

7

Das 1924-27 vom Essener Architekten Alfred Fischer errichtete Hans-Sachs-Haus ist eines der markantesten Bauten in der Innenstadt und ein schönes Beispiel für den zu jener Zeit weit verbreiteten Stil der Neuen Sachlichkeit. Der Grafiker Max Burchartz stattete das repräsentative Gebäude innen mit dem weltweit ersten Farbleitsystem aus, das im Lauf der Jahre verloren ging und nun Schritt für Schritt wieder hergestellt werden soll.

Der Name des Hans-Sachs-Hauses wurde seinerzeit in einem Bürgerwettbewerb ermittelt. Ursprünglich als Bürohaus und Hotel geplant, ist es heute Hauptsitz der Gelsenkirchener Stadtverwaltung. Der große Saal mit der denkmalgeschützten Walcker-Orgel ist ein wichtiger Veranstaltungsort.

One of the most clear-cut buildings is the Hans-Sachs house, 1924-27 set up by architect Alfred Fischer of Essen and a beautiful example for the style of the new objectivity.

Cette maison, appelée „Hans-Sachs-Haus", fut construite par l´architecte Alfred Fischer, originaire d´Essen, en trois années (1924-1927). Ce bâtiment est l´un des plus impressionants du centre ville et constitue un bel exemple du style architectural allemand „Neue Sachlicheit" („Nouvelle Objectivité"), qui fut de tout temps très répandu.

In den Nebenstraßen der Innenstadt lassen sich zahlreiche Baudenkmale aus der Gründerzeit mit reizvollen Details entdecken. Das abgebildete Wohn- und Geschäftshaus in der Gildenstraße wurde vermutlich Ende des 19. Jahrhunderts errichtet und besticht durch seine nachklassizistische Formensprache.

This shown live and office building in the guild street was set up presumably end of the 19th century and is impressive because of its classical use of forms.

Sur cette image est à reconnaître la maison des affaires immobilières, qui se situe dans la rue Gildenstraße. Cette maison date apparemment de la fin du 19ième siècle; du moins c´est ce que caractérise ces formes architecturales post-classiques.

Wuchtig und elegant zugleich markiert das Musiktheater im Revier den nördlichen Rand der Innenstadt. Mit diesem 1959 eingeweihten Haus schuf der Essener Architekt Werner Ruhnau ein erstaunlich zeitloses Werk, das durch seine Transparenz ebenso besticht wie durch die Fülle der enthaltenen Kunstwerke international renommierter Künstler wie Yves Klein, Norbert Kricke oder Jean Tinguely. Großes und Kleines Haus sind weit über die Stadtgrenzen hinaus Anziehungspunkte für Freunde von Konzert, Musiktheater und Ballett.

The music theatre massively and elegantly at the same time marks the northern edge of the centre.

Big and little house are attraction points for the friends of concert, music theatres and ballet and known far beyond the town boundaries.

Le théâtre musical, situé dans un quartier au nord du centre ville, se caractérise à la fois par sa massivité et son élégance. Il s´agit d´un lieu de rendez-vous attractif pour tous les amis des concerts, der opéras et des ballets, dont la renommée dépasse largement les limites de la ville.

Im Südwesten endet die Fußgängerzone der Innenstadt am Machensplatz, früher ein belebter Kreisverkehr. Hier dominierte bis 1970 das alte Gelsenkirchener Rathaus, das seit dem Umzug der Stadtverwaltung ins Hans-Sachs-Haus als Polizeiamt genutzt wurde. Das 1894 im überladenen wilhelminischen Zuckerbäckerstil errichtete Gebäude musste einem 16-stöckigen Geschäfts- und Bürogebäude weichen, das der damaligen Vorstellung von Modernität und Urbanität eher entsprach – eine städtebauliche Entscheidung, die in den 90er Jahren sicher anders ausgefallen wäre.

The old city hall was the biggest building at the „Machensplatz" up to 1970. The municipal authority has moved into the Hans-Sachs house in 1970 and the old city hall was used as police office.

La zone piétonnière du centre ville aboutit au sud-ouest sur cette place, appelée la „Machensplatz", qui autrefois était un rond point à intense circulation. Derrière cette place, dominait jusqu´en 1970 l´ancienne mairie de Gelsenkirchen. Depuis le déménagement des bureaux administratifs de la ville dans la maison Hans-Sachs-Haus, ces locaux font lieu d´office de police.

Wo hart gearbeitet wird, dürfen Entspannung und Un-
terhaltung nicht fehlen. Gelsenkirchen bietet vielfälti-
ge Möglichkeiten zur Freizeitgestaltung, ob geruhsam
im Stadtgarten am Rand der Innenstadt ...

Gelsenkirchen offers various possibilities for the organizati-
on of the leisure time, whether peaceful in the town garden
at the edge of the centre ...

La ville Gelsenkirchen offre de multiple possibilités pour
organiser ses loisirs. Elle a plusieurs cordes à son arc: Que
se soit dans le jardin de la ville en bordure du centre ville
pour se reposer...

... oder mit Nervenkitzel beim Wetten auf der Trabrennbahn im Stadtteil Feldmark. Bereits 1912 fand hier das erste Trabrennen statt. Heute ist die Bahn mit ihrem 9600 Besucher fassenden Tribünenhaus eine Attraktion für Trabrennfreunde von nah und fern. Auf unserem Bild geht der mehrfache Weltmeister und Europameister Heinz Wewering (goldener Helm) einmal mehr als Sieger durchs Ziel.

... or with thrills when betting on the trotting course in the district Feldmark. The first trotting already took place here in 1912.

... ou que se soit au champ de course dans la partie de la ville appelée „Feldmark" („le champ de marche") pour parier avec sensations fortes assurées. Ici eut lieu déjà en 1912 les premières courses de trot.

Schacht Oberschuir in der Feldmark, eine Nebenanlage der Zeche Consolidation, trägt den Namen des langjährigen Betriebsdirektors Johann Oberschuir. Das 1908/09 im Jugendstil errichtete Maschinen- und Lüftergebäude ist ein schönes Beispiel für das Bemühen der Zechengesellschaften, ihren Anlagen ein repräsentatives Aussehen zu verleihen. Heute lädt die „Galerie Architektur und Arbeit" zu architekturbezogenen Veranstaltungen und Ausstellungen in das denkmalgeschützte Gebäude ein.
Der filigrane Förderturm diente stets nur der Personenseilfahrt.

Shaft Oberschuir in the Feldmark a side plant of the pit Consolidation carries the name of the long-standing business director Johann Oberschuir.

Le puit Oberschuir, situé dans la partie de la ville nommée „Feldmark" („le champ de marche"), est un échafaudage secondaire, qui relie la mine houillère. Il porte le nom du directeur d´usine, qui longtemps dirigea les mines: Johann Oberschuir.

14

Als erste Gelsenkirchener Zeche musste Wilhelmine-Viktoria in Hessler 1960 ihre beiden Schachtanlagen 1/4 und 2/3 stilllegen. Die meisten Übertageanlagen wurden abgerissen. In die verbliebenen Gebäuden zog neben einem Ausbildungszentrum das Kulturzentrum „Die Kaue" ein, das sich zu einem überregionalen Treffpunkt für Freunde von Rockmusik, Kabarett und Comedy entwickelt hat.
Einer der Fördertürme erhielt nach der Demontage einen neuen Standort und ist im Westfälischen Industriemuseum in Dortmund zu besichtigen.

In 1960 pit Wilhelmine-Viktoria in Hessler had to close shaft 1/4 and shaft 2/3.
The cultural centre moved to the remained buildings and has developed into a supraregional meeting point for friends of rock music, cabaret and comedy.

Le première mine houillère de Gelsenkirchen, appelée „Wilhelmine-Viktoria", dut fermer en 1960 tout d´abord 1/4, puis 2/3, enfin ses deux arrangements fossiers. En outre un centre culturel, nommé „die Kaue" („la chique") emménagea dans les bâtiments restants. Aujourd´hui, ce centre est devenu le point de rencontre interrégional des fans de rock, de cabarets et de comédies.

An der Grothusstraße in Hessler finden sich interessante Beispiele alter und neuer Gewerbearchitektur:

Kleines Foto links oben: Wasserturm des alten Gelsenkirchener Schlachthofes.

Kleines Foto links unten: Die Gruppe Peiniger, ein Unternehmen für Bauwerkserhaltung, stattete ihre neue Hauptverwaltung zeitgemäß mit energiespendender Solarfassade und Brauchwasseraufbereitung aus.

Großes Foto: Kurz hinter Hessler weisen die Fördertürme der Zeche Nordstern am Rhein-Herne-Kanal den Weg nach Horst. Die in Stahlfachwerk erbauten Übertageanlagen und der kubische Förderturm über Schacht 2 sind Werke des bekannten Industriearchitekten Fritz Schupp, der zusammen mit Martin Kremmer auch die Zeche Zollverein in Essen erbaute.

Nordstern, einstmals nördlichste Zeche des Ruhrgebiets, wurde 1993 endgültig stillgelegt. Das Gelände war 1997 Schauplatz der Bundesgartenschau, die hier zum ersten Mal inmitten einer großindustriellen Kulisse stattfand. Heute steht das Arial allen Bürgern als Landschaftspark zur Verfügung und beherbergt außerdem neue Wohn- und Gewerbeflächen. Im Sommer lockt ein großer Biergarten in den Schatten der Fördertürme.

Small photo on the left above: Water-tower of the old Gelsenkirchen slaughter-house.

Small photo on the left below: The Peiniger company, an enterprise for building preservation.

Big photo: Behind Hessler the mine towers of the pit North Star (Nordstern) at the Rhine-Herne channel show the way to Horst.

Petite photo: Le château d´eau du vieil abattoir de Gelsenkirchen.

Petite photo, ci-dessous, à gauche: Le groupe Peiniger, une entreprise d´entretien de bâtiments.

Grande photo: Juste derrière Hessler, situées en bordure du canal Rhein-Herne-Kanal, ces tours d´extraction de la mine houillère „Nordstern" („l´étoile du nord") indiquent le chemin vers Horst.

Foto linke Seite: Schwungvoll und heiter – die farbenfrohen Fußgängerbrücken über Kanal und Emscher sind eines der Wahrzeichen der Bundesgartenschau 1997.

Photo on the left: Sweeping and cheerful - the colourful pedestrian bridges about channel and Emscher were one of the emblems of the federation garden show 1997.

Photo à gauche: Toujours fleuris et sereins: Les ponts piétonniers au dessus du canal et de l'Emscher, notamment avec leurs multiple couleurs, sont l'une des marques distinctives de l'exposition horticole nationale.

Zweckarchitektur mit ästhetischem Reiz im Nordsternpark:

Foto oben: Aufgeständerte Gehwege führen durch das Parkgelände.

Foto unten: Stahlskelett der ehemaligen Kohlenwäsche der Zeche Nordstern.

Photo above: Sidewalks on stands run through the parking area in the North Star park.

Photo below: Steel skeleton of the former coal laundry of the bill North Star.

Photo en dessus: Dans le parc Nordstern („l'étoile du nord"), ces chemins piétonniers, construits en hauteur, traversent de toutes parts le terrain.

Photo ci-dessous: Squelette d'acier issu de l'ancien lavoir de charbon, situé à côté de la mine houillère Nordstern („l'étoile du nord").

19

Urban und gemütlich zugleich: Der Goldbergplatz im Herzen von Buer-Mitte.

The „Goldbergplatz" in the middle of Buer-Mitte.

La place „Goldbergplatz" („la montagne d´or") au coeur de Buer-Mitte.

Foto rechts: Originelle Architektur an der Horster Straße in Buer-Mitte.

Photo on the right: Original architecture on Horster street in Buer-Mitte.

Photo à droite: Architecture originale dans la rue Horster Straße à Buer-Mitte.

Nur wenige Meter vom Goldbergplatz entfernt liegt die nach ihrem Erbauer, einem Bueraner Rechtsanwalt, benannte Pöppinghaus-Villa von 1893. Seit 1957 werden hier die reichhaltigen Bestände der städtischen Kunstsammlung ausgestellt. Es dauerte bis 1984, ehe die seit langem viel zu eng gewordene Villa durch einen modernen Museumsanbau ergänzt wurde. Auch dieser ist nur der erste Teil der ursprünglich geplanten Erweiterung; der zweite Bauabschnitt lässt aus Kostengründen bis heute auf sich warten.

Only a few metres away from the „Goldbergplatz" the „Pöppinghaus" villa of 1893 is located.
Since 1957 the municipal art collection is shown here.

À quelque mètres de la place Goldbergplatz s´élève la villa Pöppinghaus, qui date de 1893. Depuis 1957 sont exposées dans ce lieu les plus riches collections artistiques de la ville.

21

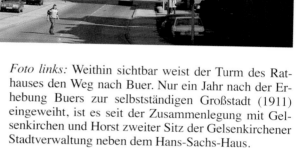

Foto links: Weithin sichtbar weist der Turm des Rathauses den Weg nach Buer. Nur ein Jahr nach der Erhebung Buers zur selbstständigen Großstadt (1911) eingeweiht, ist es seit der Zusammenlegung mit Gelsenkirchen und Horst zweiter Sitz der Gelsenkirchener Stadtverwaltung neben dem Hans-Sachs-Haus.

Photo on the left: The tower of the city hall of Buer is very wide visibly.
The city hall is the second seat of the municipal authority of Gelsenkirchen.

Photo à gauche: La tour de la mairie de Buer est visible de très loin. Il s´agit du deuxième siège des bureaux administratifs de Gelsenkirchen, après ceux situés dans la maison Hans-Sachs-Haus.

Foto oben: Der Bergbau prägte auch den Norden der Stadt. Hier in Hassel entstanden die ausgedehntesten Arbeitersiedlungen des gesamten Stadtgebietes. Doch sind die ehemaligen Bueraner Zechen bis auf das Bergwerk Westerholt an der Stadtgrenze zu Herten längst stillgelegt. Westerholt, hier von der Valentinstraße aus gesehen, gehört heute zum Bergwerk Lippe.

Photo above: The mining also influenced the north of the town.
Very big workers housing estates arose in Hassel.

Photo en dessus: L´exploitation des mines s´étendait jusqu´au nord de la ville. Ici, à Hassel, se sont implantées les plus importantes (larges) cités ouvrières de l´ensemble de la ville.

23

Die Vorgeschichte von Haus Berge südlich von Buer-Mitte reicht bis ins 13. Jahrhundert zurück. Das heutige Schloss entstand 1785-88 im Übergang vom Barock zum Klassizismus und ist mit seiner gehobenen Gastronomie und seinen sorgfältig gepflegten Gärten Höhepunkt eines jeden Spazierganges durch den ausgedehnten Buerschen Grüngürtel.

The past history of house Berge south of Buer-Mitte goes back to the 13th century.

La maison Berge, située au sud de Buer-Mitte, a une histoire, qui remonte bien au 13ième siècle.

In vorindustrieller Zeit war Gelsenkirchen dünn besie-
delt, aber reich an wehrhaften Herrenhäusern und
Wasserburgen. Außer Schloss Horst überdauerten nur
wenige dieser Anlagen die Zeit.
Im äußersten Norden der Stadt, abseits der Siedlungen
und Verkehrswege liegt Haus Lüttinghof. Es stammt
aus dem 14. Jahrhundert und ist damit das älteste erhaltene Gebäude in Gelsenkirchen. Und Haus Lüttinghof hilft heute auch anderen Denkmälern den Zahn der
Zeit zu überstehen: Auf der Vorburg entstand an Stelle
der ehemaligen Wohn- und Wirtschaftsgebäude An-
fang der 90er Jahre die Zentrale Restaurierungswerk-
statt des Landschaftsverbands Westfalen-Lippe, die
die Museen Westfalen-Lippes konservatorisch und re-
stauratorisch betreut.

In the outerest north of the town away from the settlements
and highways house Lüttinghof is located .
It dates from the 14th century and is the oldest building in
Gelsenkirchen.

À l´extérieur de la ville, au nord, à l´écart des cités ouvrières
et des voies de circulation se trouve la maison Lüttinghof.
Elle est originaire du 14ième siècle. Elle est donc estimée êt-
re une des plus vieilles maisons restaurées de Gelsenkirchen.

Noch keine hundert Jahre alt und schon ein Mythos: Schalke bleibt Schalke, auch wenn der Verein den namengebenden Arbeiterstadtteil längst verlassen hat.

Die Kassenhäuschen der 1928 erbauten Glückauf-Kampfbahn am Ernst-Kuzorra-Platz warten heute vergeblich auf den Andrang der Zuschauermassen, denn seit 1974 spielt der FC Schalke 04 im Parkstadion im Berger Feld. Aber auch dieser Platz genügt den heutigen Anforderungen an ein Fußballstadion nicht mehr. Direkt nebenan entsteht eine hochmoderne, voll überdachte Fußball- und Veranstaltungsarena. Nur der Name erinnert noch an den Ursprung der „Knappen": Auf Schalke.

Still no one hundred years old and already one legend: The FC Schalke 04.
Direct under the Parkstadion in the Berger Feld an ultramodern full roofed football and event centre is under construction.

Pas encore cent ans d´âge, mais déjà un mythe: le „FC-Schalke-04" (nom de l´équipe locale de football). Directement à côté de l´ancien stade de football, sur le terri „Bergerfeld" („terrain montagneux") s´étend un complexe ultramoderne et complètement couvert, qui est tout particulièrement réservé aux matchs de football.

Wenn es Abend wird in Gelsenkirchen... strömt die Jugend ins Kinocenter im Berger Feld.

Cinema complexes in Berger Feld.

Le centre cinématographique sur le terri Berger Feld („le terrain montagneux").

Gelsenkirchen ist eine Stadt am Wasser. Der Stadthafen am 1914 eröffneten Rhein-Herne-Kanal ist ein wichtiger Wirtschaftsfaktor; von Beginn an war der Kanal aber auch Naherholungsgebiet.
Einen spielerischen Akzent setzt der vom Gelsenkirchener Künstler Rolf Glasmeier neu gestaltete Gasbehälter an der Uechtingstraße.

The town port at Rhine-Herne channel opened in 1914 is an essential economy factor, but also recreational area.

Le port de la ville, sur les berges du Rhein-Herne-Kanal, fut construit en 1914. Ce port est non seulement un atout économique primordial, mais également un lieu de distraction et de repos.

Die Berliner Brücke überspannt
seit 1964 die Schalker Industrie.

The Berlin bridge over the Schalke
industry since 1964.

Le pont Berliner surplombe depuis
1964 l'industrie de Schalke.

Im äußersten Süden der Stadt, an der Grenze zu Wattenscheid, verstecken sich die ältesten erhaltenen Bergbaudenkmäler Gelsenkirchens: Die Malakowtürme der Zeche Holland 1/2 aus den 60er Jahren des vorigen Jahrhunderts. Bevor sich ab etwa 1870 die eisernen Strebengerüste durchzusetzen begannen, wurden auf den Tiefbauzechen gemauerte Schachttürme verwendet. Ihre Wände waren oft meterdick, um den gewaltigen Zugkräften trotzen zu können. Die Bezeichnung Malakowturm entstammt dem Volksmund und rührt daher, dass die massige Bauweise der Türme an die im Krim-Krieg (1853-1856) hart umkämpfte Festung „Malachow" südlich von Sewastopol erinnert.
Der Verbindungstrakt und das von den Architekten Schupp und Kremmer konstruierte Lüftergebäude hinter der Anlage entstanden erst in den 1920er Jahren. Holland 1/2 ist die letzte vollständig erhaltene derartige Malakow-Doppelturmanlage im Ruhrgebiet.

The Malakow towers of the bill Holland 1/2 from the 60s of the 19th century.
Before 1870 mortar towers were used and later only iron scaffoldings were set up.

Ici sont à voir les tours Malakow des mines houillères à moitié hollandaise datant des années 60 du 19ième siècle. Au environ des années 1870, avant que ne commence l´utilisation des échafaudages métalliques, ces tours aux murs de pierre furent employées pour la construction souterraine de fosses houillères.

Kaum ein Ort eignet sich besser als Abschluss eines Rundganges durch Gelsenkirchen als der 1995 eröffnete „Wissenschaftspark Rheinelbe" in Ückendorf. Hier wird der Bruch mit der Vergangenheit greifbar, hier wird Gegenwart gestaltet und Zukunft geplant.

Der Wissenschaftspark entstand auf dem ehemaligen Gelände des Gussstahlwerkes Gelsenkirchen und der Zeche Rheinelbe. Die Zeche wurde bereits 1927 stillgelegt, das Gussstahlwerk arbeitete bis 1984 und wurde abgerissen. Nur das Verwaltungsgebäude aus dem Jahr 1919 blieb erhalten und gibt heute dem Gelsenkirchener Arbeitsgericht einen repräsentativen Rahmen. Als architektonischer Kontrast dazu entstand im Rahmen der IBA Emscherpark der Wissenschaftspark, dessen neun Pavillons durch eine 300 Meter lange Glasarkade verbunden sind. Das spektakuläre Gebäude wurde mehrfach preisgekrönt und beherbergt Forschungseinrichtungen und innovative Unternehmen. Auf dem Dach befindet sich ein großes Solarstromkraftwerk.

Hardly a place is better suitable for the end of a walk through Gelsenkirchen than the science park Rheinelbe in Ückendorf which was opened in 1995.

Pour achever cette promenade dans Gelsenkirchen, pas un autre lieu ne se prêterait mieux que ce parc, ouvert en 1995, à Ückendorf, appelé „Wissenschaftspark Rheinelbe" („le parc des sciences du Rhin").

31

BÜCHER AUS DEM WARTBERG VERLAG

Heinz-Jürgen Priamus (Hg.)
Gelsenkirchen – wie es früher war
72 S., geb., zahlr. historische S/w-Fotos
(ISBN 3-86134-185-9)

Heinz-Jürgen Priamus
**Ein Rundgang durch das alte
Gelsenkirchen**
Andreas Koch, Norbert Silberbach
64 S., geb., Großformat, zahlr.
historische S/w-Fotos
(ISBN 3-86134-623-0)

Heinz-Jürgen Priamus (Hg.)
**Gelsenkirchen – Bewegte Zeiten –
Die 50er Jahre**
72 S., geb., zahlr. historische S/w-Fotos
(ISBN 3-86134-248-0)

Lutz Heidemann, Hans-Georg
Hamelmann
**Gelsenkirchen – Luftaufnahmen von
gestern und heute**
Eine Gegenüberstellung.
48 S., geb., mit zahlr. S/w- und Farbfotos
(ISBN 3-86134-466-1)

Hans-Ulrich Kreß, Jörg Zimmer
Gelsenkirchen– Ein Bildband in Farbe
72 S., geb., 3-sprachig, zahlr. Farbfotos
(ISBN 3-86134-702-4)

Heinz-Jürgen Priamus
125 Jahre Gelsenkirchen
64 S., geb., Großformat,
zahlr. S/w-Fotos
(ISBN 3-86134-850-0)

Wartberg Verlag GmbH & Co. KG
Im Wiesental 1, 34281 Gudensberg-Gleichen
Tel.: 0 56 03/9 30 50 Fax: 0 56 03/30 83